BEI GRIN MACHT SICH IHR WISSEN BEZAHLT

AF173420

- Wir veröffentlichen Ihre Hausarbeit, Bachelor- und Masterarbeit

- Ihr eigenes eBook und Buch - weltweit in allen wichtigen Shops

- Verdienen Sie an jedem Verkauf

Jetzt bei www.GRIN.com hochladen und kostenlos publizieren

Bibliografische Information der Deutschen Nationalbibliothek:

Die Deutsche Bibliothek verzeichnet diese Publikation in der Deutschen National-
bibliografie; detaillierte bibliografische Daten sind im Internet über http://dnb.d-
nb.de/ abrufbar.

Impressum:

Copyright © 2009 GRIN Verlag, Open Publishing GmbH
Druck und Bindung: Books on Demand GmbH, Norderstedt Germany
ISBN: 978-3-640-41295-2

Dieses Buch bei GRIN:

http://www.grin.com/de/e-book/134271/die-moenchsregel-des-heiligen-benedikt-
von-nursia

Markus Löhnert

Die Mönchsregel des Heiligen Benedikt von Nursia

GRIN Verlag

GRIN - Your knowledge has value

Der GRIN Verlag publiziert seit 1998 wissenschaftliche Arbeiten von Studenten, Hochschullehrern und anderen Akademikern als eBook und gedrucktes Buch. Die Verlagswebsite www.grin.com ist die ideale Plattform zur Veröffentlichung von Hausarbeiten, Abschlussarbeiten, wissenschaftlichen Aufsätzen, Dissertationen und Fachbüchern.

Besuchen Sie uns im Internet:

http://www.grin.com/

http://www.facebook.com/grincom

http://www.twitter.com/grin_com

Karl-Franzens-Universität Graz
Institut für Fundamentaltheologie

SE: Christliche Identitäten
WS 2008/09

Schriftliche Ausfertigung der Referate

in den LV-Einheiten vom 3. und 10. November 2008:

„Die Mönchsregel des Heiligen Benedikt von Nursia"

Vorgelegt von

Mag. Markus Löhnert

am

26. Januar 2009.

Inhalt

1. Lehrveranstaltungseinheit

1.1. Zur Biographie des Hl. Benedikt von Nursia

Benedikt wurde als Sohn einer vornehmen Familie im Jahre 480 nChr. in Nursia, dem heutigen Norcia geboren. Diese kleine Stadt liegt ungefähr 200 Kilometer nordöstlich von Rom nahe der Adriaküste in der italienischen Provinz Umbrien, also ein wenig „oberhalb" der Mitte des italienischen „Stiefels". Über die Mitglieder seiner Familie ist uns wenig bekannt. In der Biographie von Gregor dem Großen wird uns nur von seiner Schwester Scholastika und seiner Amme berichtet. Die Namen seiner Eltern sind uns nicht überliefert[1].

Bildung war seinen Eltern sehr wichtig: „Auf eine gute Ausbildung der Kinder, besonders der Söhne, wurde auch in den vornehmen christlichen Familien großer Wert gelegt. Noch war das Schulwesen der Antike in voller Geltung, und wir dürfen vermuten, dass Benedikt den Unterricht in den elementaren Disziplinen und in dem humanistischen Fache der Grammatik in Nursia erhielt. Die höheren rhetorischen Studien, die mit Vorzug als die ‚artes liberales' bezeichnet wurden, sollte der etwa Siebzehnjährige in Rom betreiben."[2]

So wurde er mit seiner Amme nach Rom geschickt, um dort zu studieren. Aus dieser Zeit gibt es eine Legende, dass seiner Amme das Mehlsieb zerbrach und dass sein Gebet dazu beitrug, dass sie es wieder zusammensetzen konnte (Lektüre)[3]. Über die herrschenden Verhältnisse in Rom war Benedikt sehr unglücklich: „Schmerzlich empfand er den Abstand zwischen der friedlichen Berggemeinde, die er eben verlassen hatte, und der durch Parteigetriebe verstörten Herde des heiligen Petrus. Kein Zweifel, sein ganzes Herz gehört dem rechtmäßigen Hirten und allen denen, die mit ihm treu die unberührte heilige Lehre von Christus, dem wahren Gott und wahren Menschen, schirmten. [...] Wenn auch der Unterricht der Antike stets im wesentlichen auf formale Bildung gerichtet war, so hatte sich doch diese Neigung bei

---

[1] Vgl.: Herwegen, Ildefons: Der Heilige Benedikt. Ein Charakterbild, Düsseldorf: Patmos Verlag, 1951[4], 18.

[2] Ebenda, 19.

[3] Vgl.: Gregorius Papa, I: Des heiligen Papstes und Kirchenlehrers Gregor des Großen ausgewählte Schriften / aus dem Lat. übers. von Joseph Funk. - München, : Kösel & Pustet 1933 (2) (=Bibliothek der Kirchenväter : 2. Reihe), 51f.

den Rhetoren des ausgehenden Altertums ins Maßlose gesteigert. Der Inhalt einer Rede kam sozusagen kaum mehr in Betracht, wenn nur die Worte gewählt, die Perioden kunstgerecht gebaut und die Bilder gehäuft waren."[4]

Der Kaiserhof war bereits nach Konstantinopel umgezogen, was dazu geführt hatte, dass Rom wirtschaftlich, kulturell und politisch stark an Bedeutung verloren hatte. Seine Unzufriedenheit über die herrschenden Verhältnisse veranlasste Benedikt schließlich, sich einer asketischen Gemeinschaft in Affile in den Sabiner Bergen in der Nähe von Rom anzuschließen, wo er drei Jahre in einer Höhle verbrachte. Benedikt nahm die Askese sehr ernst: Ein Mönch aus einem Nachbarskloster brachte ihm täglich das Brot und ließ es mittels eines Seils in die Höhle hinab. An dem Seil soll eine Glocke befestigt gewesen sein, die den „Nachschub" ankündigte. In dieser Zeit wurde Benedikt auch mehrmals in Versuchung geführt. Der Teufel erschien ihm in Gestalt eines schwarzen Vogels und einer schönen Jungfrau. Er widerstand den Versuchungen, indem er sich in Dornen wälzte und sich so von den fleischlichen Versuchungen „ablenkte".

Schließlich wählten ihn die Brüder des Klosters Vicovaro bei Tivoli in Norditalien zu ihrem Abt. Es gab allerdings eine Gruppe von Brüdern, die mit seinen Ordensregeln nicht einverstanden waren und daher versuchten, ihn zu vergiften. Eine der zahlreichen Legenden über sein Leben erzählt, dass das Gift in Form einer Schlange aus dem Kelch entwich, als sie ihn ihm reichten und dass der Becher zersprang, als er das Kreuzzeichen darüber machte. Aus kritischer Sicht bietet uns die Biographie von Gregor dem Großen eher einen „[…] Entwurf seiner Persönlichkeit und liefert uns […] daher kaum Anhaltspunkte für die Erstellung einer chronologischen Lebensgeschichte des Hl. Benedikt."[5]

Bald jedoch verließ er die Gruppe wieder und begann damit, für seine wachsende Schülerzahl Klöster zu gründen. In jedem Kloster siedelte er 12 Mönche an. Schließlich gründet er auch das Kloster *Montecassino*, den dem er ab dem Jahre 529 selbst wohnte und seine berühmte „Regula Benedicti" verfasste. Benedikt war der Erste, der eine Klosterregel in einem vorwiegend juristischen Stil verfasste und

---

[4] Ebenda, 23f.

[5] Aus: Catholic Encyclopedia: http://www.newadvent.org/cathen/02467b.htm [aufgerufen am 1. November 2008] übersetzt von M.L.

propagiert hat. Es liegt daher nahe, anzunehmen, dass er während seines Aufenthalts in Rom auch ein Studium der Rechtswissenschaften betrieben haben könnte. Generell bot ihm das akademische Leben, sowohl in wissenschaftlicher als auch in gesellschaftlicher Hinsicht, kaum wirkliche Reize.[6] Seine Klosterregel wird in der zweiten Lehrveranstaltungseinheit am 10. November noch näher betrachtet werden.

Benedikt stirbt am 21. März 547, einem Gründonnerstag, am Altar in seinem Kloster Montecassino. Die Legende erzählt, dass seine Brüder sahen, „[…]wie er von Engeln auf teppichbelegter, lichterfüllter Straße gen Himmel getragen wurde."[7] Diese „Legende der Straße in den Himmel" findet sich in den Dialogen von Papst Gregor dem Großen **(Lektüre!)**[8].

Das erste Benediktinerkloster am Lateran wurde im Jahre 589 gegründet, Gregor der Große wird im Jahre 590 als erster Benediktiner Papst.

Der Gedenktag des Hl. Benedikt ist der 11. Juli (röm.-kath.) bzw. 14. März (orthodox)[9]. Er wird als "Vater des abendländischen Mönchtums" bezeichnet. Er ist der Schutzpatron der Schulkinder und Lehrer, der Bergleute und Kupferschmiede sowie der Sterbenden und wird von frommen Christinnen und Christen gegen Fieber, Entzündungen, Nieren- und Gallensteine, Vergiftung und Zauberei angerufen. Des Weiteren trägt er zahlreiche Titel wie "der letzte Römer", "Vater des Abendlandes", "Vater Europas". Im Jahre 1964 wurde er von Papst Paul VI. zum Patron Europas ernannt. Im Vergleich mit anderen Ordensgründern, zum Beispiel dem Hl. Franz von Assisi, war Benedikt kein „volkstümlicher" Heiliger. In der Kunst gibt es daher auch nur Darstellungen von ihm in Klöstern bzw. Klosterkirchen. Die ältesten uns heute noch erhaltenen gebliebenen Darstellungen des Hl. Benedikt stammen aus dem 11. Jahrhundert aus dem Kloster von Montecassino bzw. aus dem 12. Jahrhundert aus dem Salzburger Raum.[10]

---

[6] Vgl.: Herwegen, Ildefons: Der Heilige Benedikt. Ein Charakterbild, Düsseldorf: Patmos Verlag, 1951[4], 25.

[7] Aus: http://www.heiligenlexikon.de/index.htm?BiographienB/Benedikt_von_Nursia.html [aufgerufen am 1. November 2008].

[8] Vgl.: Gregorius , Schriften: 101 – 105.

[9] Aus: http://de.wikipedia.org/wiki/Liste_der_Seligen_und_Heiligen [aufgerufen am 27. Oktober 2008].

[10] Vgl.: Dubler, Elisabeth: Das Bild des Heiligen Benedikt bis zum Ausgang des Mittelalters, in: Brechter, Heinrich Suso OSB (Hrsg.): Benediktinisches Geistesleben. Zeugnisse und Abhandlungen aus dem Gebiet der Askese und Mystik (Band IV), St.Ottilien: EOS Verlag der Erzabtei St. Ottilien 1957, Seite 139.

In Österreich gibt es zurzeit insgesamt 19 Männer- und Frauenklöster des Ordens des Heiligen Benedikt. Diese unterstehen der Bayerischen Benediktinerkongregation / Föderation Bayerischer Benediktinerinnen bzw. der Österreichischen Benediktinerkongregation, der Beuroner Benediktinerkongregation, der Benediktinerinnen von der ewigen Anbetung und der Ottilianer Benediktinerkongregation. Zu den bekanntesten Niederlassungen gehören die Stifte Göttweig, Melk und Kremsmünster in Niederösterreich, sowie das Stift Admont und die Abtei Seckau in der Steiermark. [11]

Das Kloster von Montecassino, in dem Benedikt seine Klosterregel verfasste und bis zu seinem Tod im Jahre 547 lebte und wirkte[12]

2. Lehrveranstaltungseinheit

2.1. Zur Regel des Heiligen Benedikt

Wie bereits erwähnt, gibt es nur eine einzige Quelle für das Leben des Heiligen Benedikt, nämlich die *Dialoge* von Papst Gregor dem Großen, der als erster Benediktiner im Jahre 590 nChr. Papst wurde. Konkret finden wir über Benedikt von

---

[11] Vgl.: http://www.benediktiner.de/ [aufgerufen am 1. November 2008].

[12] (Bildnachweis: http://www.heiligenlexikon.de/index.htm?BiographienB/Benedikt_von_Nursia.html [aufgerufen am 1. November 2008])

Nursia in dem zweiten von insgesamt vier Büchern der *Dialoge*. Doch will Gregor keine eigentliche Biographie schreiben noch ein Charakterbild Benedikts zeichnen, sondern ,zum Lobpreis des Erlösers einige von den Wundern des ehrwürdigen Mannes Benedikt erzählen' (Dial.1,12). Dieses zweite Buch ist die älteste und einzige Quelle für unser Wissen um das äußere Leben des Mönchsvaters und der erste Zeuge für dessen Regel.“[13]

Eine genaue Angabe über Zeit und Ort der Abfassung der Regel ist uns bei Gregor nicht überliefert. Ebenso gibt es uns keine Hinweise auf seine Quellen oder ob es eine Redaktion der Regel gegeben hätte. Wahrscheinlich wurde sie nicht auf einmal, sondern in mehreren Etappen entworfen, mit ersten Erkenntnissen schon aus jener Zeit, in der Benedikt in Subacio lebte.[14]

2.2. Zur literarischen Gattung der RB

Die RB gehört zur Gattung der Mönchsregeln. Der Sinn einer solchen Mönchsregel liegt natürlich zu einem nicht unwesentlichen Teil darin, das Zusammenleben der Brüder in ihrer Gemeinschaft festzulegen, um für alle klar und deutlich Richtlinien für ihren Alltag festzulegen. Zu einem nicht unwesentlichen Teil hatte eine solche Mönchsregel aber auch noch einen ganz anderen Zweck. Wir dürfen nicht vergessen, dass zu dieser Zeit der überwiegende Teil der Bevölkerung Analphabeten bzw. nur minder gebildet waren. Nicht nur zum Zweck der Verkündigung mussten daher andere Mittel aufgeboten werden als die Veröffentlichung in einem Buch, das nebenbei bemerkt zur Zeit Benedikts noch gar nicht erfunden war. Wenn wir zu dieser Zeit von Schriften reden, meinen wir immer Handschriften auf Pergament oder anderen „Datenträgern“ der damaligen Zeit. „Nach der Auffassung des alten Mönchtums beabsichtigt der Verfasser einer Regel grundsätzlich nichts anderes, als den Willen Gottes, der in der Hl. Schrift niedergelegt ist, den Schülern [...] konkret greifbar und sichtbar zu machen.“[15]

---

[13] Aus: Steidle, Basilius: Die Benediktus-Regel.Lateinisch-Deutsch, Beuron: Beuroner Kunstverlag 1978[3], 7.
[14] Zur Diskussion über den Entstehungsprozess vgl. Steidle, Basilius: Die Benediktus-Regel.Lateinisch-Deutsch, Beuron: Beuroner Kunstverlag 1978[3], 11.
[15] Ebenda, 14.

Primär ist also die Heilige Schrift **die** Quelle einer solchen Mönchsregel. Wer eine Bibelstellen-Konkordanz[16] zu Rate zieht, wird feststellen, dass der Schwerpunkt der innerhalb der Benediktsregel (fortan abgekürzt mit RB) verwendeten Schriften bei den Psalmen, den Büchern der Weisheit, den Synoptischen Evangelien und den Paulusbriefen liegt. Außerdem zitiert Benedikt in seiner Regel an drei Stellen nicht-biblische Texte als Bibelworte (RB 7, 24.33.61.65), was ein wenig verwundert, lehnt Benedikt doch apokryphe Schriften eigentlich ab: „Die Bücher, die man zu den Vigilien liest, sind die von Gott beglaubigten Bücher des Alten wie des Neuen Testaments, aber auch deren Erklärungen, die von den anerkannten und rechtgläubigen katholischen Vätern verfasst sind." (RB, IX,8) Anhand dieses Beispiels lässt sich jedoch andererseits auch erkennen, dass die Bibel, wie wir sie heute kennen und die Auswahl der kanonischen und nicht kanonischen Bücher das Resultat eines langen Prozesses ist, der selbst innerhalb der christlichen Konfessionen zu unterschiedlichen Resultaten geführt hat, die sich nicht nur in der Reihenfolge der in ihr enthaltenen Bücher, sondern auch hinsichtlich deren Auswahl unterscheiden.[17]

Insgesamt gibt es nur drei Handschriften, die den ganzen Text der End-Redaktion der Benediktsregel überliefern:

1. Codex 12205 der Pariser National-Bibliothek (entstanden ~ 600 nChr.) (=P)
2. Codex 28118 der Münchner Staats-Bibliothek (entstanden nach 800 nChr.) (=A)
3. Codex von Köln, Arch., W.F. 231 aus dem Jahre 1466 nChr. (=K)

Zwei weitere Regeln haben einen großen Einfluss auf die RB ausgeübt: die Regel Augustins und die so genannte „Regula Magistri"[18].

2.3. Zum Aufbau der Benediktsregel

Die RB besteht insgesamt aus 73 Kapiteln, die sich in sechs große Themenbereiche, sowie ein Schlusskapitel, Nachträge und Ergänzungen und ein Nachwort gliedern

---

[16] Vgl.: Joest, Christoph: Bibelstellenkonkordanz zu den wichtigsten älteren Mönchsregeln, Den Haag: Martinus Nijhoff International 1994 (=Instrumenta Patristica IX).
[17] Vgl.: Zenger, Erich u.a. (Hrsg.): Einleitung in das Alte Testament. Stuttgart: Kohlhammer 2001[4] (=Studienbücher Theologie 1,1), 27 – 35.
[18] Vgl.: Steidle, Basilius: Die Benediktus-Regel.Lateinisch-Deutsch, Beuron: Beuroner Kunstverlag 1978[3], 24.

lassen (siehe Übersicht auf der nächsten Seite). Am Anfang steht des weiteren noch ein Vorwort, das von seinem Charakter her der literarischen Gattung einer *Mahnrede* entspricht und die Mönche anspornen soll, sich in den Dienst des Herrn zu stellen.

2.4. Gliederung der RB und die Themen der einzelnen Kapitel

I. Die Grundstruktur des Klosters

    1. Die Arten der Mönche

    2. Die Eigenschaften des Abtes

    3.Die Berufung der Brüder zum Rat

II. Die geistliche Kunst (Askese)

    4. Die Instrumente der guten Werke

    5. Der Gehorsam

    6. Die Schweigsamkeit

    7. Die Demut

III. Das gemeinsame Gebet

    8. Der Gottesdienst in der Nacht

    9. Die Zahl der Psalmen beim Nachtgottesdienst

    10. Die Feier des nächtlichen Lobes zur Sommerzeit

    11. Die Feier der Vigilien am Sonntag

    12. Die Morgenfeier am Sonntag

    13. Die Morgenfeier an den gewöhnlichen Tagen

    14. Die Vigilien an den Festtagen der Heiligen

    15. Die Zeiten des Alleluja-Gesangs

    16. Der Gottesdienst unter Tags

    17. Die Zahl der Psalmen bei diesen Gottesdiensten

    18. Die Reihenfolge, in der die Psalmen zu singen sind

    19: Das Verhalten beim Psalmensingen

    20. Von der Ehrfurcht beim Gebet

IV. Die Innere Organisation des Klosters

    21. Die Dekane des Klosters

    22. Vom Schlaf der Mönche

    23. Die Ausschließungen bei Verfehlungen

56. Der Tisch des Abtes

57. Die Handwerker des Klosters

VI. Die Erneuerung der Klostergemeinde

58. Das Verfahren bei der Aufnahme der Brüder

59. Die Söhne der Vornehmen und Armen, die dargebracht werden

60. Die Priester, die im Kloster bleiben wollen

61. Die Aufnahme fremder Mönche

62. Die Priester des Klosters

63. Die Rangordnung in der Klostergemeinde

64. Die Einsetzung des Abtes

65. Der Prior des Klosters

SCHLUSSKAPITEL: Klosterpforte und Klausur

66. Die Pförtner des Klosters

NACHTRÄGE UND ERGÄNZUNGEN

67. Die Brüder, die auf Reisen geschickt werden

68. Wenn einem Bruder Unmögliches aufgetragen wird

69. Im Kloster darf sich keiner erlauben, einen anderen zu verteidigen

70. Keiner darf sich erlauben, eigenmächtig einen anderen zu schlagen

71. Dass man sich gegenseitig gehorchen soll

72. Der gute Eifer, den die Mönche haben sollen

73. Darüber, dass in dieser Regel nicht alles enthalten ist, was zur Beobachtung der vollen Gerechtigkeit gehört

2.5. Lektüre einiger ausgewählter Kapitel:

Die folgenden ausgewählten Kapitel dienen dieser LV-Einheit als Grundlage[19]:

1. Vorwort zur Regel

2. Kapitel 1 – 7

---

[19] Der Volltext der Benediktsregel kann auf der Internet-Seite der Salzburger Äbtekonferenz und der Benediktinerabtei Ettal abgerufen werden unter http://www.kloster-ettal.de/regel/.

3. Kapitel 58 und 64

2.6. *Zentrale Fragestellungen dieser Einheit:*

- Warum überhaupt Mönch werden?
- Warum als Mönch in einer Klostergemeinschaft leben?
- Welche Klosterform sieht Benedikt als erstrebenswert an und wie ist diese aufgebaut?
- Die zentrale Forderung nach Demut und ihre 12fache Entfaltung in der Regel.
- Wie wird man Benediktiner? (Das Verfahren bei der Aufnahme)
- Wie wird man Abt?

2.7. *Zum Vorwort:*

Warum überhaupt „Mönch" werden? – Warum in einer Klostergemeinschaft leben? Dies wird umrissen im Vorwort zur Regel. Dieses richtet sich an jede/n Christ/in/en. Es gilt, die in der Taufe versprochene Absage an das Böse in die Tat umzusetzen. Dabei fällt auf, dass das Verhältnis zwischen Gott und dem Menschen von zweierlei Sphären gekennzeichnet ist:

1. DUNKEL
2. (göttliches LICHT) – göttliche Stimme

Der Mensch ist ein von Gott jeden Tag (V9) gerufener Arbeiter (v14), ein Schlafender (V8). Die göttliche Stimme ruft den Menschen jeden Tag aufs Neue. Gott sagt: „Hier bin ich", **bevor** der Mensch ruft. (V18) -> Die Initiative geht von Gott aus!
In Vers 13 heißt es: der Mensch läuft Gefahr, der Finsternis des Todes zu verfallen, obwohl er das *Licht des Lebens* in sich trägt. Der Mensch leistet *antwortend auf Gottes Ruf* der Einladung Folge, die den Weg zeigt, zum Leben (v20).

Außerdem: Der Weg ins Reich Gottes führt über gute Taten (v22). Was solche Taten sind, wird in einem argumentativen Dreischritt mittels Schriftbeweises aufgezeigt:

Ps 15   Die Wahrheit tun mit dem Herz **und** mit der Zunge / Widerstand gegen Teufel gilt es, an *Christus zu zerschmettern* (v 28d) / sich selbst nicht überheben, das Gute kommt von Gott und übersteigt eigenes Können (v 29).

Paulus   durch Gottes Gnade wird der Mensch zu dem, der er ist (1Kor 15).

Evangelium: Mt 7: Das Haus, das auf Felsen gebaut ist

Strukturell fällt auf: die Reihenfolge ist ähnlich wie die Lesungen in einem Wortgottesdienst (?!)

Es gilt also, eine „Schule für den Dienst des Herrn" zu gründen (v45). Die Weisungen in der folgenden Regel sind nicht für sich selbst da, sondern sind der Beginn eines Weges, der am Anfang nur ein enger sein kann (v49).

Der Lohn ist ein **weites Herz**, sodass der Mensch aus Liebe den Weg Gottes gehen kann. Er bzw. sie soll sich an Christus angleichen, das erfordert Geduld (positiv verstanden als ein Ausharren, Standhalten, als Beharrlichkeit – Gaben des Heiligen Geistes). Die Gemeinschaft im Kloster schenkt den Mönchen die Kraft zum Zeugnis und für das Ausharren.

2.8. Welche Gemeinschaftsform sollen die Mönche wählen? (Kapitel 1)

Die **Zönobiten** gelten bei Benedikt als Idealform, weil sie unter der Regel und dem Abt stehen. Der Vorrang der Regel ist begründet in ihrer Verankerung in der Schrift – Wer auf den Lehrer hört und auf die Regel, hört den, der durch sie spricht – vgl. LK 10,16: *wer Euch hört, der hört mich. Wer aber mich hört, hört den, der mich gesandt hat.)*

2.9. Zu den Eigenschaften des Abtes: (Kapitel 2)

Der Abt ist untergeordnet der Schrift (v4). Er soll die Jünger mehr mit Taten, als mit Worten lehren (v12). Die Begründung findet sich in Vv 13 – 15 in einem Dreischritt mit Ps 50, 1Kor 9 sowie Mt 7.5 Bezug auch zu 1Sam 2,11 – 4,1 -> Hofni und Pinhas, die Söhne des Priesters Eli sterben, weil sie am Altar Gottes gesündigt haben. Samuel tritt als Priester die Nachfolge an. (In der Berufungsszene wird er drei Mal gerufen, erst als er antwortet „rede Herr, Dein Diener hört" spricht JHWH zu ihm).

2.10. Bedeutung des Rates (Kapitel 3) – Instrumente des Guten (Kapitel 4):

Darüber gibt der Vers 61 Auskunft: Dem Abt sollen die Mönche auch gehorchen, wenn dieser selbst anders handelt und seine eigenen Anweisungen nicht befolgt. Die Weisung gilt es zu befolgen und der inneren Überzeugung zu folgen, der Weg des Fastens istk ein rein äußerlicher, sondern ein innerlicher. Benedikt nimmt darin Bezug auf Mt 23,3 wider die Pharisäer, die nach außen fasten, damit es alle sehen. Die Jünger sollen sich nicht selber Rabbi nennen, „nur einer ist Eurer Meister, Ihr aber seid Brüder".

2.11. Die großen Kapitel 5 bis 7: Die Demut als Tugend des Mönches

In der Benediktsregel gibt es 2 Vorstufen der Demut: den Gehorsam und die Schweisamkeit.
Gehorsam wird verstanden als Nachfolge dessen, der ruft. Wieder zeigt sich der Bezug zu Mt 4,22: Jakobus und Johannes lassen ihre Netze liegen und folgen Jesus nach. V13: sie sollen nicht Jesu Willen tun, sondern den Willen dessen, der ihn gesandt hat. V14: Jesus meint nicht blinden Gehorsam, sondern einen Gehorsam

aus Freude in der auf Gottes Ruf antwortenden Liebe – wer Euch hört, der hört mich (Lk 10,16 Aussendung der 72).

Die Schweigsamkeit meint kein stummes Schweigen, sondern „überlegte Worte" (RB 7,60)

2.12. Kapitel 7: die große Entfaltung des zentralen Themas der 12 Stufen der Demut

In diesem Kapitel seiner Regel entfaltet Benedikt ausführlich seine Vorstellung der wahrend Demut eines Mönchs. Er beschreibt sie als das Resultat eines Weges auf zwölf Stufen, den des zu gehen gilt, bevor man genau jene Form der Demut erreicht. (Vgl. Jakobsleiter in Gen 28,12)

Die Stufen im Detail:

1) V12f: bildet die Basis: Bewußtsein der gläubigen Existenz vor Gott, Streben nach gottgefälligem Leben.
2) Vv31 – 33: der Eigenwille wird Gott unterworfen
3) V34:   erste Vorstufe: Gehorsam (Ägypten)
4) Vv35 – 43: zweite Vorstufe: Schweigsamkeit, Unterordnung unter einen Oberen (Ps 66,12)
5) Vv 44 – 48: Bekennen von Schuld und Sünde gegenüber dem Abt (Dialog)
6) V49f: Armut, keine Bettelarmut, sondern Verzicht auf Anspruch auf Eigenbesitz (RB 5,10-19)
7) Vv 51 – 54: Überzeugung, der letzte und Geringste zu sein, Überzeugung des Herzens.
8) V55: strikte Befolgung der Regel und des Beispiels der Älteren
9) Vv56 – 58: Steigerung der Stufe 4 – schweigen
10) V59: Demut des Lachens (wider des Lachen des Toren)
11) V60f: Fähigkeit zu weisen, überlegten Worten
12) Vv 62 – 66: Demut äußert sich auch der Körperhaltung.

Ziel: vollkommene Gottesliebe, bei der es keine Furcht mehr gibt und das Gute zur Gewohnheit, die Tugend zur Freude wird (v69) 12-Zahl als vollkommene Zahl.

2.13. Wie wird man Benediktinermönch? (Kapitel 58)

Wichtig ist die Prüfung des Kandidaten. Diese geschieht mehrfach: nach vier oder fünf Tagen (V3c) wird ihm der Eintritt ins Kloster gestattet, ein paar Wochen als Gast. Als Novizenmeister fungiert ein Älterer, der aus dem Kreis der Brüder bestimmt wird. Nach 2 Monaten wird dem Kandidaten die Regel zum ersten Mal vorgelesen. Nach 6 Monaten wird sie ihm wieder vorgelesen. Nach weiteren 4 Monaten ebenfalls. Bei der Aufnahme soll der Kandidat im Oratorium vorsprechen, nachdem er ein schriftliches Bittgesuch verfaßt hat. Dieses liest er vor und bittet um Aufnahme (V21). Danach wirft er sich nieder und die übrigen Mönche beten gemeinsam mit ihm. Sein Eigentum soll er an die Armen verteilen oder dem Kloster vermachen. Selbst bei einem Austritt (V28) erfolgt keine Rückgabe, auch das Bittgesuch wird einbehalten.

2.14. Wie wird man Abt? (Kapitel 64)

Es gilt das Prinzip der Wahl der Gemeinschaft, diese soll einstimmig oder mit Mehrheit erfolgen. Zu beurteilen sind die Lebensführung und Lehr-Autorität des Kandidaten und seine Schriftkundigkeit. Die Vv3 – 6 regeln das Verhalten bei Missständen: der Bischof der Diözese (das Kloster ist in die lokale Diözese eingebettet) kann gegebenenfalls einen Verwalter einsetzen. Auch die Mitchristen (!) sollen melden, wenn ein Abt nicht würdig erscheint. Wie soll sich ein Abt verhalten (Vv 7 – 22): die richtige Unterscheidung und Maß zwischen weltlichen und geistlichen Aufgaben. Es gilt: die REGEL ist die übergeordnete Instanz (v20).

2.15. Literatur:

- **Dubler, Elisabeth**: Das Bild des Heiligen Benedikt bis zum Ausgang des Mittelalters, in: Brechter, Heinrich Suso OSB (Hrsg.): Benediktinisches Geistesleben. Zeugnisse und Abhandlungen aus dem Gebiet der Askese und Mystik (Band IV), St.Ottilien: EOS Verlag der Erzabtei St. Ottilien 1957.

- **Gregorius Papa, I**: Des heiligen Papstes und Kirchenlehrers Gregor des Großen ausgewählte Schriften / aus dem Lat. übers. von Joseph Funk. - München, : Kösel & Pustet 1933 (2) (=Bibliothek der Kirchenväter : 2. Reihe).

- **Derselbe**: Sinn und Geist der Benediktiner-Regel, Einsiedeln/Köln: 1944.

- **Herwegen, Ildefons**: Der Heilige Benedikt. Ein Charakterbild, Düsseldorf: Patmos [4]1951.

- **Holzherr, Georg (Abt von Einsiedeln)**: Die Benediktsregel. Eine Anleitung zu christlichem Leben, Zürich: Benzinger 1980.

- **Joest, Christoph**: Bibelstellenkonkordanz zu den wichtigsten älteren Mönchsregeln, Den Haag: Martinus Nijhoff International 1994 (=Instrumenta Patristica IX).

- **Steidle, Basilius**: Die Benediktus-Regel.Lateinisch-Deutsch, Beuron: Beuroner Kunstverlag 1978[3].

- **Zenger, Erich** u.a. (Hrsg.): Einleitung in das Alte Testament. Stuttgart: Kohlhammer 20014 (=Studienbücher Theologie 1,1).